T0246961

El arte de innovar

Aristóteles

El arte de innovar

Un manual de sabiduría clásica sobre
innovación y pensamiento creativo

Título original: *How to innovate*
© Princeton University Press, 2021
© de la traducción del inglés, Jacinto Pariente, 2022
© Ediciones Kôan, s.l., 2022
c/ Mar Tirrena, 5, 08912 Badalona
www.koanlibros.com • info@koanlibros.com
ISBN: 978-84-18223-57-0 • Depósito legal: B-11540-2022
Diseño de cubiertas de colección: Claudia Burbano de Lara
Maquetación: Cuqui Puig
Impresión y encuadernación: Liberdúplex
Impreso en España / *Printed in Spain*

1ª edición, septiembre de 2022

Cada día un pensamiento nuevo
DEMÓCRITO, siglo V a. de C.

ÍNDICE

PRÓLOGO

Solía decirse que los antiguos griegos no eran
muy amigos de la innovación, pero este punto de
vista estaba basado en una interpretación sesgada
y no muy perspicaz de las pruebas que nos brin-
dan los escritos antiguos. Hoy en día sabemos,
en cambio, que los griegos no eran tan reacios a
la innovación como se suponía. De hecho, lo que
hay que explicar es la fuerte tendencia a la innovación que caracterizó a la sociedad de la antigua
Grecia. Tienen que haberse dado una serie de condiciones propicias que permitieran la aparición de
los inventos y descubrimientos que hicieron de la
cultura griega una fuente de influencias para sus
herederos.

Además de estas condiciones, podemos observar varios mecanismos subyacentes a la tendencia a la innovación de los griegos tales como el préstamo, la adaptación de ideas externas, el cruce de influencias entre las diversas disciplinas y la propuesta de críticas revolucionarias a las ideas y hábitos de sus predecesores.

Los principios para la innovación no fueron formulados sistemáticamente por los propios griegos, sino que surgen de varias obras que tratan el concepto desde diversos enfoques. En consecuencia, este libro recurre a un autor fundamental como Aristóteles para los textos principales y a otras fuentes antiguas, menos conocidas, para ilustrar las innovaciones y los mecanismos clave de los hábitos innovadores de los griegos.

INTRODUCCIÓN

La innovación es el principio motor del mundo moderno. En tecnología, política, comercio, arte y música, así como en el ámbito académico, en el ejército y en innumerables áreas de nuestra vida, la transformación es constante y la búsqueda de lo novedoso nunca cesa. Las reacciones al cambio van desde el entusiasmo al temor. El cambio implica pérdida, y cuando todo cambia muy deprisa es probable que quede poco tiempo para gestionar lo perdido y entregarse a lo nuevo. Mientras algunos se sienten intimidados ante la innovación, otros se asombran de su profundidad y del valor de lo nuevo. ¿Qué significa la innovación y qué postura tomamos ante crear cambios?

En los períodos arcaico y clásico (entre 800 y 300 a. de C., aproximadamente), la sociedad ateniense se transformó a toda velocidad y por primera vez en el registro escrito se sacaba a colación y se discutía sobre el concepto de innovación. El primer uso de un vocablo para designar la creación de algo nuevo (*kainotomia*, en griego) lo encontramos en una comedia de Aristófanes de finales del siglo v a. de C. Si bien suele decirse que los antiguos griegos eran reacios a la novedad y poco amigos de la innovación, los textos demuestran que en ciertas disciplinas eran muy conscientes de la potencia y las ventajas de lo nuevo. «Yo no canto canciones antiguas. Son mejores mis canciones nuevas», dice una letra de Timoteo de Mileto, cantautor de finales del siglo v a. de C. En esta época se promociona lo nuevo en todos los campos.

A pesar de vivir en una sociedad agraria tradicional, los griegos de la época clásica llevaron a cabo una serie de innovaciones revolucionarias. Al principio de su período de apogeo recurrieron al préstamo y adaptación de letras utilizadas en las naciones fenicias de Oriente Medio para diseñar su propio alfabeto. La posterior adaptación romana del alfabeto griego es un elemento vertebral en la comunicación desde entonces. Los griegos pasarían a continuación a inventar la filosofía, la lógica, la retórica y la demostración matemática; se convertirían en los primeros en realizar obras teatrales, practicar la medicina racional, acuñar moneda y ejecutar esculturas realistas; también en convocar competiciones atléticas, crear cánones arquitectónicos, en el autogobierno de las ciudades (*polis*) y en practicar la política democrática.

Estos cambios culturales transformadores, que tuvieron lugar durante cinco siglos, entre el 800 y el 300 a. de C., no se produjeron por casualidad. Ninguna de las invenciones griegas ni de los productos a los que dieron lugar, algunos de los cuales aún no han sido superados, no se habrían hecho realidad sin la contribución de individuos que creaban y operaban en un entorno propicio al cambio, que estaban dispuestos y motivados para innovar y que sabían utilizar los medios para conseguirlo.

Otros griegos trataron de comprender las condiciones que posibilitan la innovación, y en sus escritos se conserva la descripción de los procesos creativos que condujeron a la aparición de muchas de las innovaciones griegas. A pesar de que los procedimientos creativos sean potencialmente infinitos, los textos que han llegado hasta nosotros demuestran cómo la creación de lo nuevo se apoya en unos pocos principios. De entre ellos, se destacan la adaptación de elementos existentes, la influencia mutua de entidades diversas y la alteración de las condiciones previas. De estos principios y de las combinaciones entre ellos surgió el cambio e inspiró preguntas como «¿De dónde procede todo?» o «¿Qué es el cambio?» a los primeros pensadores del siglo VI a. de C. Hacia el fin de la era clásica, Aristóteles (384-322 a. de C.) analizó la lógica del cambio a nivel físico, metafísico y político.

El análisis teórico del cambio que realiza Aristóteles en el primer libro de la *Física* comienza refutando la idea aparentemente contradictoria propuesta por algunos de sus predecesores, Parménides entre ellos, de que el cambio es imposible. Para Aristóteles todo cambio debe proceder, y procede, de una situación preexistente o sustrato. Su argumento puede resumirse diciendo que lo nuevo depende de lo viejo, tal y como leemos en el primer libro de la *Física*. Aristóteles entiende el cambio de forma práctica y teórica a la vez. La unidad política clave del mundo griego de la época era la polis (un Estado independiente gobernado por los ciudadanos): en el período clásico existían alrededor de un millar de ellas. La organización de la polis es la materia del segundo libro de la *Política*, donde el autor analiza los gobiernos de algunos Estados y los considera *hojas de ruta* para nuevos tipos de gobierno, como los propuestos por Sócrates en *La república* de Platón y por el propio Platón en *Las leyes*, y además examina los novedosos modelos constitucionales de otros teóricos políticos menos conocidos.

La innovación en el pensamiento y la praxis generada por las ciudades-Estado del período clásico griego abrió el camino a los descubrimientos artísticos, intelectuales y científicos del Renacimiento europeo, casi dos mil años después. Los escritores y artistas de este período creyeron estar recreando las ideas griegas en materia de ciencia, música y muchos otros campos. Gran parte de la educación que impartían las universidades renacentistas consistía en la interpretación de la obra de Aristóteles y el estudio de sus comentaristas antiguos. Tanto entonces como hoy parece lógico recurrir al gran filósofo de la antigüedad para comprender con mayor profundidad los principios del cambio, entre otras cosas.

Los dos textos más largos de este libro, en los capítulos primero y último, proceden del libro primero de la *Física* y del segundo de la *Política*, respectivamente, y presentan el fino análisis racional del autor acerca del cambio y su extensa crítica de las propuestas de innovación en la esfera de lo político. En la *Física*, Aristóteles habla sobre la lógica del cambio y la variación, y sostiene que el cambio solo puede comprenderse a partir de un elemento subyacente constante. En el libro segundo de la *Política*, analiza y critica detalladamente los gobiernos existentes en la época y los intentos teóricos de desarrollar nuevas formas de gobernar la polis. El análisis concluye con la breve pero fundamental observación de que el valor de la innovación depende del campo en el que se aplique.

Aparte de estos textos largos, en los demás capítulos he seleccionado una serie de fragmentos más cortos para ilustrar ejemplos concretos de creación de cambio en la antigüedad:

Capítulo 2: detallada descripción del barco *Siracusia* procedente de *El Banquete de los eruditos*, de Ateneo de Náucratis, autor del siglo II a. d C. El proyecto llevó a Arquímedes a descubrir la formulación del principio que lleva su nombre y contiene la célebre historia del «momento eureka».

Capítulo 3: narración de la estrategia revolucionaria ideada por Epaminondas en la batalla de Leuctra (371 a. de C.). Diodoro Sículo se encarga de relatar la historia del éxito del general tebano en el uso de la falange oblicua en su *Biblioteca histórica*.

Capítulo 4: relato, también de Diodoro Sículo, de una competición convocada por el rey Dionisio de Siracusa que condujo a la invención de nuevas armas como la catapulta.

EL ARTE DE INNOVAR

1

LOS PRINCIPIOS DEL CAMBIO

El tema del cambio era de gran interés para los filósofos de la naturaleza griegos, que florecieron en las ciudades jónicas (moderna Turquía occidental) en el siglo VI a. de C. «¿De dónde procede todo?», se preguntaban. «¿Puede algo proceder de nada?» Parecía claro que nada puede proceder de nada. Para algunos esto implicaba la no existencia de un punto de partida, de un comienzo absoluto o de un primer momento de la creación. Sin embargo, para otros —como Parménides y la escuela eleática— sugería, en contradicción con la experiencia, que no existe posibilidad de génesis o cambio.

Los mitos griegos tradicionales establecían que todo comienza desde un punto de partida tras-

cendente, ya fuera un dios o un ser sobrenatural.
El concepto del eterno retorno no era muy del
gusto de los griegos y el rechazo rotundo del cambio parecía contradecir los fenómenos cotidianos.
A partir de la observación del mundo, los primeros
pensadores hallaron una solución diferente, no
mítica, al problema del primer principio (*arjé*).
Muchos de estos pensadores, llamados filósofos
presocráticos —los primeros en tratar de explicar el mundo por medio de hipótesis naturales o
científicas— desarrollaron variaciones de la idea
de que el universo en toda su diversidad debe
proceder dc un elemento natural primordial que
subyace a toda la creación.

Tales de Mileto, considerado por Aristóteles
el primer filósofo por haber hecho a un lado la mi-
tología como forma de explicar el mundo, afirmaba que ese elemento primordial era el agua, pues
es esencial para la vida, el crecimiento y la salud, y
puede hallarse en formas visiblemente diferentes
(líquido, vapor, hielo y nieve). Filósofos posteriores afirmaron que debía tratarse de un elemento

aún más primordial: Anaxímenes lo identificó con el aire; Heráclito con el fuego. Anaximandro afirmó que el origen de todo era un principio abstracto que denominó *ápeiron*, «lo ilimitado».

La conclusión de los filósofos que identificaban el origen del ser con un solo elemento (llamados por ello *monistas*) planteaba evidentes problemas. ¿Cómo puede un solo elemento dar lugar a muchos otros? ¿Cómo puede el agua convertirse en fuego o el aire en tierra? ¿Puede «lo ilimitado» generar alguno de ellos? A principios del siglo v a. de C., Parménides de Elea llegó a la conclusión de que el propio concepto de cambio era ilógico e ilusorio. Su contemporáneo, el siciliano Empédocles de Acragante, optó por una postura contraria y propuso la existencia de cuatro elementos fundamentales para la creación —el agua, el fuego, la tierra y el aire— y afirmó que el universo consiste en las innumerables transformaciones de estos elementos primordiales. Igual que las plantas existen y se desarrollan gracias al uso de los cuatro elementos, tierra, aire, sol y agua, todo en el mundo debe proceder de las combinaciones y separaciones entre ellos. Empédocles definió como *amor* a la fuerza combinatoria y como *discordia* a la fuerza de separación.

Empédocles llama *raíces* del cosmos a los cuatro elementos. Según él, las cuatro raíces fundamentales del ser interactúan para dar lugar a la diversidad del universo. Aunque el término *innovación radical* (del latín *radix*, «raíz») significa hoy en día una novedad nunca vista, lógicamente (como afirmaría Aristóteles) lo nuevo solo puede surgir a partir de elementos preexistentes. El término *novedad radical*, por tanto, no debería usarse para designar algo que tiene raíces nuevas, sino solo para aquello que es nuevo a partir de las raíces. Hablando en sentido figurado, las raíces están ocultas bajo tierra y lo nuevo es la parte visible del árbol.

Una generación después de Empédocles, Demócrito propondría que el universo se compone de pequeñas partículas denominadas *átomos* (del griego *atoma* o «indivisibles»). La teoría de Demócrito propone que los átomos se combinan entre sí para dar forma al mundo material. Tanto Epicuro de Samos en el siglo III a. de C. como el poema *De rerum natura* de Lucrecio en el I se harían eco de sus puntos de vista sobre la naturaleza. Aunque la física moderna coincide con Demócrito, sus ideas no calaron en la imaginación popular de su época. Durante siglos después de Empédocles, a la gente le resultó más fácil creer que todo en el universo era fruto de los cuatro elementos identificados por él y sus infinitas combinaciones.

En el siglo IV a. de C., siguiendo las enseñanzas filosóficas de Platón, Aristóteles llevó a cabo investigaciones físicas, científicas y éticas en las que trató de articular y analizar los conceptos de «cambio» e «innovación» en varias esferas, en particular en las del mundo natural y el ámbito de lo político y lo social. El tratamiento que Aristóteles le dedica al cambio físico en su *Física* es escueto, pues el autor deseaba presentar argumentos rigurosamente convincentes. Aristóteles refuta la negación del cambio de Parménides (los

7

fragmentos seleccionados para esta obra ofrecen un aperitivo), argumentando que llegar a ser exige dar por sentado la existencia de una entidad subyacente («lo que es»), a partir de la cual surge una nueva estructura que se relaciona con la entidad anterior y al mismo tiempo la altera. El punto clave que podemos extraer de esta argumentación en lo tocante a la creación de lo nuevo es que, tanto en la práctica como en la teoría, el cambio no puede tener lugar sin la existencia de un ente subyacente que será el sujeto del cambio.

La lógica del cambio
Física, Libro I, Capítulo 8, 191a23-b34

[A] Los primeros filósofos se extraviaron en la búsqueda de la verdad y acabaron en un callejón sin salida a causa de su falta de experiencia. Basándose en que lo que llega a ser tiene que hacerlo a partir del ser o a partir del no ser, afirmaron que nada puede llegar a ser o dejar de ser. Creían que ambas opciones son imposibles, pues por un lado lo que existe no puede llegar a ser porque ya es, y por otro, nada puede llegar a ser a partir del no ser, es decir, siempre debe haber algo preexistente. Esto los llevó a afirmar que no existe la multiplicidad sino solo el ser.

[B] Por mi parte, yo lo explicaría de la siguiente forma: decir que llegar a ser a partir del ser o del no ser o decir que lo que es o lo que no es ejercen o reciben una acción o se transforman en un ente identificable es lo mismo que decir que un médico ejerce o recibe una acción o decir que es o se transforma en algo a causa de que es médico. Estos postulados acerca del médico se pueden interpretar de diversas formas, al igual que los postulados acerca de que algo «llega a ser a partir del ser» y «ejerce o recibe una acción».

[C] Así, si un médico construye una casa no lo hace porque es médico, sino porque es constructor. Si el pelo se le vuelve blanco no sucede porque es médico sino porque es moreno. Por el contrario, si ejerce la medicina o la ejerce de forma incorrecta, eso sí lo hace porque es médico. Por lo tanto, es correcto decir que un médico ejerce o recibe una acción o se convierte en algo a partir de que es médico tan solo si ejerce o recibe una acción o se convierte en algo a causa de que es médico. Luego, es evidente que decir que algo llega a ser a partir del no ser significa que llega a ser a partir del no ser a causa de que no es.

[D] Incapaces de comprender esta diferencia, los antiguos se extraviaron y llegaron a la errónea conclusión de que nada llega a ser o existe excepto el propio ser, es decir, negaron por completo el llegar a ser. Yo estoy de acuerdo en que no se puede decir de forma absoluta que algo llegue a ser a partir del no ser, pero sostengo que en términos no absolutos hay cosas que llegan a ser a partir del no ser, es decir, que hay cosas que llegan a ser por accidente. El motivo es que hay cosas que llegan a ser a causa de la *falta* de ser algo. Esta falta es por naturaleza una forma de no ser que no persiste una vez el cambio ha tenido lugar. Esto es lo que confunde a quienes piensan que es imposible que algo llegue a ser a partir del no ser.

[E] Del mismo modo, nada puede llegar a ser a partir de lo que es y nada puede llegar a ser lo que es, excepto por accidente. Así es como algo llega a ser, como cuando un animal llega a ser a partir de un animal y un animal particular llega a ser a partir de un animal particular, un perro a partir de un perro o un caballo a partir de un caballo. Así, un perro llegaría a ser a partir de un animal y también a partir de un animal particular, pero como ser animal es ya una de sus propiedades, no puede *transformarse* en animal. Si algo se transforma en animal y ser animal no es una propiedad accidental suya, no lo hará a partir de ser un animal. Si algo se transformara en algo que es, no lo hará a partir de lo que ya es. Y tampoco puede llegar a ser a partir del no ser, pues, como decía antes, «a partir del no ser» significa «a partir del no ser a causa de que no es». De este modo no nos vemos obligados a refutar el principio de que «toda cosa es o no es».

[F] Esta es una forma de resolver el problema. Hay otra que consiste en demostrar que se puede hablar de una misma cosa en cuanto a su potencialidad o su actualidad, como he hecho en otros escritos míos.

[G] En conclusión, esta es la solución del problema que llevó a los pensadores a descartar cosas que yo considero correctas. Este error es la causa de que los pensadores antiguos estuvieran equivocados en lo referente al llegar a ser, dejar de ser y al cambio en general. Si hubieran tenido en cuenta la naturaleza subyacente, no habrían caído en semejantes falacias.

2

LAS CONDICIONES DE LA CREACIÓN

Las contribuciones más importantes al pensamiento filosófico de la historia de Occidente, la obra de Platón y su discípulo Aristóteles, se escribieron en el siglo IV a. de C. Aristóteles refutó gran parte del pensamiento idealista de su maestro y creó un enfoque lógico y empírico que ha influido en todo el pensamiento posterior. La filosofía aristotélica, que abarca ciencia, metafísica y ética, fue clave en la antigüedad tardía, las primeras etapas del mundo islámico y la Europa medieval. No obstante, el gran inventor técnico de la antigüedad vivió y trabajó un siglo después de Aristóteles. Se trata de Arquímedes de Siracusa, un griego nacido en Sicilia. Los ecos de su legendario *¡eureka!* resuenan desde hace milenios.

La enseñanza que podemos extraer del momento eureka es que ciertos entornos estimulan la chispa del pensamiento creativo. Igual que el agua es esencial para que nazca la vida, para que florezca la creatividad es necesario que se den ciertas condiciones, que pueden ser internas o externas, individuales o colectivas, personales o sociales.

La historia nos brinda numerosos ejemplos de cómo surge la creatividad cuando existe una situación social que acoge y recompensa las ideas innovadoras. La innovación tiene lugar cuando las personas disponen de la libertad y los recursos para echar a volar el pensamiento creativo, cuando las ideas fluyen y se difunden con rapidez y cuando hay incentivos personales, sociales y económicos. Hoy en día, estas condiciones necesarias están repartidas de forma desigual por el mundo, y rara vez han existido en la historia. Sin embargo, en la antigua Grecia se dieron en varios momentos y lugares. Las personas encuentran su propia manera de utilizarlas para aprovechar su creatividad. A menudo imaginamos a los inventores como individuos resueltos cuya entrega a lo que hacen tiene como fruto logros creativos. Sin embargo, para que surjan conexiones creativas, los pensadores necesitan «fluir», y una forma de lograrlo es tomar distancia y cambiar de perspectiva.

Innumerables creadores y personas resolutivas afirman que el camino de la experiencia creativa implica, en primer lugar, un momento de profunda comunión con el objeto de estudio, y después, un momento de distanciamiento de él. También es necesario compensar la concentración con la dispersión, con el fin de que emerjan nuevos puntos de vista e ideas creativas. La leyenda del momento eureka de Arquímedes ilustra cómo las condiciones adecuadas condujeron a una innovación tan fundamental como el Principio de Arquímedes.

Según cuenta el autor romano Vitruvio en el siglo I a. de C., Hierón, gobernador romano de Siracusa, lanzó un desafío a Arquímedes. El soberano había encargado la fabricación de una corona de oro puro a un artesano, pero al recibirla sospechó que este había escatimado parte del oro, adulterándolo con algún otro metal. Hierón quería saber si la corona estaba hecha de oro puro, pero dudaba sobre la manera de tasar la composición de un objeto tan finamente forjado. En el mundo antiguo era frecuente que los tasadores de metales preciosos rascaran la superficie de un metal para revelar un determinado color o lustre, o extrajeran muestras para pesarlas y medirlas, pero en este caso no se podía recurrir a tales métodos sin dañar la pieza.

Era evidente que si el artesano había mezclado el oro con otro metal más ligero o había dejado huecos en la estructura, la corona pesaría menos que si fuera de oro macizo. Pero conocer su peso solamente no respondía a la pregunta. Para que el peso revelara la composición de la corona por sí solo, era necesario construir otra corona idéntica del mismo material. Lo que se necesitaba descubrir era su densidad (el peso en relación con el volumen) y compararla con la densidad del oro puro. El problema estaba en cómo medir con precisión la densidad de un objeto como aquel.

Una tarde, en las termas, Arquímedes observó cómo, a medida que introducía su cuerpo en la bañera, el agua se desplazaba hasta derramarse por el borde. De pronto encontró la solución al problema: el volumen de un objeto puede hallarse midiendo la cantidad de agua que desplaza. Un objeto de idéntico peso que su cuerpo hecho de un material mucho más denso, como por ejemplo un lingote de oro puro, desplazaría mucha menos agua. Si pesaba la corona y comparaba el agua que desplazaba con el agua que desplazaba el mismo peso de oro puro, podría demostrar si la corona tenía la misma densidad que el oro puro. Cuenta la leyenda que Arquímedes salió de la bañera de un salto y corrió desnudo por las calles de Siracusa gritando *¡Eureka!*, que en griego significa «lo he descubierto». Como resultado, en nuestro idioma usamos el término *eureka* para referirnos a ese momento de iluminación en el que surge la solución de un problema.

DESCONECTAR, TOMAR DISTANCIA

El relato que Vitruvio nos ofrece de la leyenda de Arquímedes doscientos años después de que el episodio tuviera lugar es sin duda emocionante. Tuvo también un fin satisfactorio. Tras demostrar que, efectivamente, el artesano había adulterado el oro, a Arquímedes se le concedió una generosa recompensa y el malhechor recibió su castigo. No obstante, la leyenda tradicional no está exenta de preguntas. No queda nada claro cómo se solucionó el problema de medir el volumen de una corona en la práctica, ni que Arquímedes fuera el descubridor del principio de calcular la densidad como función de masa y volumen.

18

Sin embargo, es fácil imaginar que tras un duro día de trabajo en la búsqueda de la solución al problema, Arquímedes fuera a las termas para relajarse. En momentos así, el cerebro cambia de marcha. Los procesos neuroquímicos se alteran, las perspectivas mentales cambian y se vislumbran las soluciones. De modo que quizá Arquímedes hallara la solución del problema más por el hecho de haber ido a las termas a relajarse que por la observación del desplazamiento del agua en la bañera.

UN PALACIO FLOTANTE

Esta experiencia, bien documentada por inventores y personas que innovan en la actualidad, quizá sea la verdadera enseñanza del momento eureka de Arquímedes. Tras concentrarse a fondo en el problema, el inventor es capaz de desconectar y recibe como recompensa un momento de iluminación. La historia nos proporciona la prueba a menudo ignorada de que el problema que solucionó Arquímedes no fue el de la densidad de una corona de oro. Los siracusanos eran famosos por haber inventado gran cantidad de armamento de asedio y artillería, como la catapulta y la balista (ver capítulo 4). A partir de principios del siglo IV a. de C., los sucesivos gobernadores de la ciudad también encargaron la construcción de los mayores navíos del mundo antiguo. Los arqueólogos marinos modernos han descubierto algunos de los enormes barcos de carga que aprovisionaban a Roma de trigo, descendientes de estas embarcaciones siracusanas. En 1929 se hallaron en el lago de Nemi los restos perfectamente conservados de dos embarcaciones de recreo que pertenecieron al emperador Calígula, de las que el historiador Suetonio afirma que «las joyas brillaban en los castillos de popa y tenían velas multicolores, lujosas termas, galerías y salas de banquetes y crecían en ellos vides y todo tipo de árboles frutales».

Arquímedes inventó piezas de armamento naval como la garra, un instrumento que sacaba los barcos del agua, y los espejos ustorios o rayo de calor de Arquímedes, una serie de espejos que concentraban la luz solar y emitían un rayo capaz de incendiar un navío.

El autor que sugirió que el momento eureka está relacionado con un descubrimiento naval que hizo Arquímedes fue Ateneo de Náucratis (un emporio griego del antiguo Egipto) en el siglo II a. de C., que describe en su obra a Arquímedes diseñando y construyendo por encargo de Hierón un navío gigantesco llamado *Siracusia* en honor a su ciudad.

Cincuenta veces mayor que un navío de guerra convencional, el *Siracusia* fue el barco de mayor tamaño del mundo antiguo. Ateneo, que cita a un escritor desconocido llamado Mosquión, afirma que el *Siracusia* podía cargar mil ochocientas toneladas y transportar a más de mil personas a bordo. La cubierta superior tenía ocho torretas de vigilancia operadas por soldados y en la proa llevaba una enorme catapulta capaz de lanzar rocas de ochenta kilos. Tenía también una cubierta de paseo adornada con flores, una biblioteca, un gimnasio y un templo de Afrodita. Era tan grande que solo podía atracar en el puerto egipcio de Alejandría.

Arquímedes necesitaba hallar la respuesta a un problema básico respecto al prodigioso navío: ¿Flotará? Necesitaba demostrarse a sí mismo, y también a Hierón, que una embarcación de tan enormes proporciones, compleja construcción y peso sin precedentes no se iba a ir a pique. Lo más probable es que el momento eureka de Arquímedes en las termas fuera un principio de gran utilidad práctica incluso para los ingenieros mecánicos de hoy en día: el principio de flotabilidad, que es la fuerza ascendente que ejerce un fluido que se opone al peso de un objeto total o parcialmente sumergido en él. Si el peso del objeto es mayor que su flotabilidad, el objeto se hundirá. Esta ecuación explica por qué un superpetrolero flota igual que una chalupa de remos. No es difícil relacionar la descripción de la construcción del *Siracusia* con el momento eureka de Arquímedes: la ley de flotabilidad, fundamental para la arquitectura naval, se conoce aún hoy en día con el nombre de *Principio de Arquímedes*.

El imperativo eureka
Ateneo de Náucratis, *Banquete de los eruditos*, Libro 5, 206d5-209e2

[A] Merece la pena hablar del barco que mandó construir Hierón de Siracusa, obra de Arquímedes el matemático. Mosquión ha publicado un libro sobre él que he leído a fondo recientemente.

Dice Mosquión:

[B] Hierón de Siracusa, gran amigo de Roma, no solo erigió templos y gimnasios, sino que también deseaba ganar fama como arquitecto naval con la construcción de enormes embarcaciones de carga. A continuación describo la construcción de una de ellas.

[C] Hizo traer suficiente madera del Etna como para construir sesenta cuatrirremes. Para ello encargó pernos, armazones, puntales y toda la materia prima necesaria en Italia y en Sicilia. Para los cabos, esparto de Hispania. Cáñamo y brea del valle del Ródano y otros materiales de los más diversos lugares. Reclutó constructores navales y todo tipo de artesanos, nombró capataz a Arquias de Corinto y le ordenó ponerse manos a la obra de inmediato, al tiempo que él mismo se consagraba en cuerpo y alma al proyecto.

[D] La mitad del barco estuvo lista en seis meses y a medida que se iba fabricando se recubría de plomo. Cerca de trescientos maestros artesanos, sin contar a sus ayudantes, trabajaban los materiales. Se ordenó botar esta parte del barco con el fin de continuar el trabajo a bordo. Tras largas discusiones sobre la manera lograrlo, Arquímedes el ingeniero se ocupó de ello con tan solo unos pocos hombres. Hizo construir un cabrestante, invención suya, con el que consiguió mover un casco de semejantes dimensiones al mar.

[E] El resto del barco se completó en otros seis meses. Estaba recubierto de remaches de bronce (la mayoría pesaban cuatro kilos, pero había otros que pesaban casi siete) que se fijaban con barrenas para sujetar los puntales. Los remaches tenían una funda de plomo que los sujetaba al casco y estaban protegidos con tiras de lino calafateadas.

[F] Cuando el exterior de la nave estuvo listo, Arquímedes comenzó los trabajos del interior. El barco tenía veinte filas de galeotes y tres cubiertas. La cubierta inferior era la bodega, a la que se llegaba por una escalera poco inclinada. En la cubierta central se encontraban los camarotes de la tripulación. La cubierta superior era para el uso de la guardia. A ambos lados de la cubierta central había treinta camarotes de ocho metros cuadrados cada uno. La estancia del capitán medía dieciocho metros cuadrados y consistía en tres camarotes de seis metros cuadrados cada uno. Las cocinas estaban a popa.

[G] Todos los camarotes tenían suelos de mosaico de piedras de todas clases que representaban con gran exactitud la historia completa de *La Ilíada*, y el mobiliario, los techos y las puertas estaban también profusamente decorados. En la cubierta superior había un gimnasio y paseos de tamaño proporcional a la envergadura del navío en los que había coloridos canteros rebosantes de flores que recibían agua por medio de tuberías de plomo cubiertas. Había también pérgolas de hiedra y vid plantadas en tinajas de barro que se regaban del mismo modo que las flores y que servían para dar sombra a los paseos.

[H] A continuación había un templo de Afrodita de seis metros cuadrados con una puerta de ágata y otras piedras preciosas de Sicilia. Las paredes y el techo eran de madera de ciprés y los suelos de marfil y cedro. Estaba suntuosamente decorado con pinturas, estatuas y vasijas de todo tipo.

[I] Junto al templo de Afrodita había una surtida biblioteca de diez metros cuadrados con paredes y puertas de boj. En el techo tenía un reloj solar cóncavo fabricado a imagen del de Acradina. También había unos baños de seis metros cuadrados con tres bañeras de bronce y una pila de mármol veteado de Tauromenio de ciento noventa y cinco litros de capacidad. A continuación estaban los camarotes de los infantes de marina y los encargados de las bombas de achique.

[J] Además de estas estancias, a cada costado del navío había diez establos y un almacén para el forraje de los caballos y los útiles de los jinetes y palafreneros. A proa había un aljibe con capacidad para setenta y cinco mil litros, hecho de tablas de madera calafateada. A su lado había un acuario de agua salada cubierto hecho de plomo y tablas en el que se criaban todo tipo de peces.

[K] A babor y estribor había vigas salientes a intervalos regulares que servían como leñeras, en las que se almacenaban hornillos, espetones, molinos y otros utensilios domésticos. Una fila de atlantes de tres metros de altura colocados a intervalos regulares sujetaban el techo y las cubiertas superiores. La nave entera estaba adornada con pinturas.

[L] El barco tenía ocho torres de vigilancia dispuestas simétricamente en cubierta, dos a proa, dos a popa y cuatro en la parte central. Cada una tenía dos grúas con las que subían cestas de piedras para arrojarlas contra los barcos enemigos que navegasen por debajo. Cuatro hombres pertrechados de armaduras y dos arqueros servían en cada una. El interior estaba lleno de proyectiles.

[M] Arquímedes construyó también un parapeto con almenas y cubiertas apoyado sobre soportes a lo largo de toda la nave y colocó sobre él una catapulta que lanzaba rocas de ochenta kilos y proyectiles de cinco metros y medio de largo a ciento ochenta metros de distancia. Delante de ella había un cortinaje de cuero sujeto con cadenas de bronce para proteger a los galeotes de las galerías superiores.

[N] El barco tenía tres palos con dos grúas cada uno, con las cuales se lanzaban garfios y barras de plomo contra los atacantes. Una baranda de hierro protegía la nave de cualquier intento de abordaje. En la cubierta superior se guardaban arpones de hierro que se lanzaban por medio de catapultas a los barcos enemigos para arrastrarlos hasta la borda de la nave y atacarlos.

[Ñ] Sesenta soldados de armadura estaban de guardia y sesenta más se ocupaban de los mástiles y las grúas que transportaban los proyectiles. En las cofas de hierro de cada mástil había también soldados. Tres en la del trinquete, dos en la del palo mayor y uno en la del palo de mesana. Había esclavos que se encargaban de subirles cestas de mimbre con piedras y proyectiles por medio de poleas. El barco tenía cuatro anclas de madera y ocho de hierro. La madera para el trinquete y el palo de mesana fue fácil de encontrar, pero el árbol que se usó para el palo mayor resultó mucho más difícil. Lo descubrió un porquerizo de los montes de Bretia y el ingeniero Fileas de Tauromenio se ocupó de su transporte. A pesar de que la sentina era muy profunda, un solo hombre podía achicar el agua de ella por medio de otro invento de Arquímedes que lleva su nombre y se llama tornillo de Arquímedes.

[O] Al navío se le puso el nombre de *Siracusia*, pero cuando el rey Hierón lo regaló le cambió el nombre a Alejandría. Una flotilla lo acompañaba: una galera de carga de ochenta toneladas, algunos barcos de pesca de cuarenta toneladas y cierto número de navíos auxiliares. La tripulación total era de más de ochocientas personas. Además de los mencionados, hay que añadir seiscientos infantes de marina que estaban estacionados a proa. Los delitos cometidos a bordo los juzgaba según las leyes de Siracusa un tribunal compuesto por el capitán, el piloto y el primer oficial.

[P] En la nave se cargaban noventa mil medidas de trigo, diez mil ánforas de salazón siciliana, seiscientas toneladas de lana y otras seiscientas de carga variada, aparte de las provisiones y municiones de la tripulación. Cuando Hierón supo que los puertos no tenían calado para acoger al *Siracusia* o había peligro de que encallase, decidió regalárselo al rey Ptolomeo de Alejandría, pues en aquella época había escasez de grano en Egipto. Así fue como el barco zarpó hacia Alejandría, donde se lo puso en dique seco.

[Q] El poeta Arquimelo compuso un epigrama en honor al navío, por el que recibió una recompensa de mil quinientas medidas de trigo que el propio poeta envió a sus expensas al Pireo.

El epigrama dice así:

¿Quién trajo hasta la costa los enormes maderos
y quién los amarró con cuerdas incansables?
¿Y cómo se fijaron las cubiertas a cuadernas de roble?
¿Qué hachas cortaron los remaches de su casco?
Es alta como el Etna, amplia como una isla
Cíclada que el Egeo rodea de murallas
de anchura siempre igual por ambos lados
para que los gigantes puedan surcar los cielos.
Sus tres mástiles rozan las estrellas
como roza las nubes su triple parapeto.
Para fijar las anclas tiene cables iguales
a los que usó el rey Jerjes para atar el estrecho
que hay entre Abido y Sesto.
En su proa un letrero inscrito no hace mucho
proclama quién lanzó a los mares su quilla,
dice que fue Hierón, el hijo de Hierocles,
el dorio portador del cetro de Sicilia,
el que provee de trigo a Grecia y a las islas.
A través de las olas de espuma empenachadas,
protege, Poseidón, a esta nave valiente.

EL PRINCIPIO DE DISRUPCIÓN

«Espera siempre lo inesperado o nunca lo lograrás» es una de las máximas lapidarias que se conservan del filósofo Heráclito (principios del siglo v a. de C.). Es completamente aplicable al ámbito de la innovación: quien pretenda lograr algo nuevo debe estar dispuesto a adentrase en lo inesperado, o, en otras palabras, a desafiar el criterio de la mayoría. El millonario inversor Warren Buffett lo expresa del siguiente modo: «Al comprar me guío por un sencillo principio: ser prudente cuando los demás con codiciosos y codicioso cuando los demás son prudentes». Para innovar es valioso no solo no seguir la tendencia, sino oponerse a ella.

Este tipo de pensamiento alternativo se complementa muy bien con la *innovación disruptiva* según la cual una mejora de un producto o servicio es inesperada o desconocida, pero consigue desbancar al mercado tradicional. Es famosa la frase de Henry Ford, inventor del Ford T: «Construiré el automóvil de la gran mayoría. Será lo bastante grande para la familia y lo bastante pequeño para que un individuo pueda manejarlo y cuidarlo. Lo construirán los mejores obreros con los mejores materiales y a partir de los mejores diseños. Pero su precio será tan bajo que cualquier persona que gane un buen salario se lo podrá permitir para disfrutar con su familia de la bendición de las horas de asueto en los grandes espacios abiertos que Dios nos brinda». Al organizar la producción en masa de lo que hasta entonces había sido un objeto de lujo, Ford cambió los automóviles de forma tan absoluta que dejó obsoleta cualquier otra forma de transporte terrestre.

Una de las innovaciones de más éxito de la historia militar de la antigua Grecia se basó en una estrategia disruptiva. Los relatos de los historiadores Jenofonte, Plutarco y Diodoro Sículo (autor del fragmento del presente capítulo) nos permiten observar la innovación que condujo a la victoria del ejército beocio en la batalla de Leuctra en 371 a. de C. a las órdenes del general tebano Epaminondas.

Los griegos llevaban siglos librando batallas prácticamente de la misma forma, con los ejércitos enfrentados cara a cara sobre terreno llano. Se lanzaban al ataque cuando los generales de uno de los bandos sentían que era el momento propicio o bien cuando uno de los de los bandos se cansaba de esperar. Se confiaba ciegamente en que los rituales religiosos y la devoción convencional previas a la batalla asegurarían la victoria. Había un principio inmutable según el cual los soldados más fuertes y respetados debían ocupar el lugar de honor en la formación de batalla, lo cual quería decir que se les colocaba inexorablemente en el flanco derecho.

Durante siglos, los soldados espartanos fueron los guerreros mejor entrenados de Grecia. Se daba por descontado que su poderoso flanco derecho siempre rompería las líneas enemigas. Una vez logrado esto, llevarían a cabo una maniobra envolvente alrededor del enemigo y lo atacarían por el flanco.

En Leuctra, la caballería y la infantería espartanas superaban en número a las fuerzas de los aliados beocios liderados por Tebas. El general tebano Epaminondas dispuso las tropas en una línea más fina aún y concentró sus fuerzas en el flanco izquierdo en una alineación hasta entonces insólita de cincuenta filas, encabezadas con las tropas de élite, los trescientos soldados del Batallón Sagrado de Tebas.

Esta estrategia encontró al bando espartano completamente desprevenido. Sus mejores soldados, colocados en el flanco derecho al mando de su propio rey Cleómbroto, no consiguieron romper

las filas del reforzado flanco izquierdo de los tebanos, con el Batallón Sagrado a la cabeza. Mientras
tanto, el flanco izquierdo espartano no encontraba
nadie con quien luchar, pues el enemigo, en lugar
de presentar batalla, se retiraba. La estrategia de
Epaminondas consistía en permitir que su flanco
derecho cediera terreno al flanco izquierdo espartano, en lugar de ordenarle que atacara.

El resultado de su estrategia fue doble. La
inesperada resistencia que encontró el flanco más
fuerte del bando espartano lo desconcertó. Mientras los tebanos avanzaban por ese flanco, los espartanos se veían obligados a retroceder con muchas bajas. Al mismo tiempo, en el otro flanco, los
espartanos avanzaban con facilidad porque el enemigo cedía terreno, pero ello implicaba que una
vez que los tebanos tuvieran seguro el flanco derecho, podrían atacar a los espartanos por la reta-
guardia.

Tebas venció la batalla contra un ejército superior en número y dominó Grecia hasta que
Epaminondas murió en combate una década más

tarde. La estrategia de Epaminondas en la batalla de Leuctra es un modelo clásico de innovación por medio de tácticas alternativas.

Una estrategia de éxito
Diodoro Sículo *Biblioteca histórica*, libro XV. 55-56.4

15.55

[1] En el bando espartano estaban al frente de las alas Cleómbroto y Arquídamo, hijo de Agesilao, ambos descendientes de Heracles. En el bando tebano estaba Epaminondas, que consiguió su famosa victoria empleando una disposición de sus hombres de su propia invención.

[2] Seleccionó a los mejores soldados del ejército y los colocó en el flanco donde él mismo pensaba combatir hasta la muerte. En el otro flanco colocó a los más débiles y les dio orden de evitar el combate y ceder terreno poco a poco ante el avance enemigo. Con esta falange en formación

oblicua pretendía que la batalla la decidieran las tropas de élite que se encontraban en el flanco izquierdo.

[3] Cuando las trompetas de ambos bandos sonaron y los ejércitos cargaron lanzando un grito de guerra, los espartanos atacaron por los dos flancos con su falange dispuesta en forma de media luna. Los tebanos retrocedían por el flanco derecho al tiempo que se lanzaban contra el enemigo por el izquierdo.

[4] Al principio ambos bandos lucharon vigorosamente y la batalla parecía incluso igualada. No obstante, poco después las tropas de Epaminondas comenzaron a sacar ventaja gracias a su valor y a su formación cerrada, de modo que los espartanos sufrían numerosas bajas. No podían contener el empuje de los intrépidos soldados de élite, algunos de los cuales murieron luchando, mientras otros recibieron heridas frontales, pues en ningún momento dejaron de plantar cara.

[5] Mientras el rey espartano Cleómbroto estuvo con vida y luchó codo con codo con muchos

soldados dispuestos a morir defendiéndolo, no estuvo claro por quién se inclinaría la balanza de la victoria. Sin embargo, pese a que se enfrentaba a todos los peligros, no era capaz de rechazar a los adversarios y finalmente cayó luchando heroicamente tras recibir incontables heridas. Entonces, multitud de hombres se apiñaron alrededor de su cuerpo y pronto se levantó una enorme pila de cadáveres.

15.56

[1] Cuando el ala izquierda enemiga quedó sin mando, la compacta columna de Epaminondas cayó sobre los espartanos. Al principio consiguieron romper un poco el frente enemigo a base de fuerza, pero los espartanos, que luchaban valerosamente en torno al cadáver de su rey, lograron hacerse con él, si bien no pudieron alzarse con la victoria.

[2] Las tropas de élite, espoleadas por la bravura y los gritos de ánimo de Epaminondas, supe-

raron en el combate a los espartanos y con gran esfuerzo los hicieron retroceder. Al principio los espartanos, aun perdiendo terreno, mantuvieron la formación, pero al final, cuando las bajas eran ya numerosas y había caído el general que los comandaba, se lanzaron a la desbandada.

[3] El ejército de Epaminondas persiguió a los fugitivos y mató a todos los que opusieron resistencia, logrando así una gloriosa victoria. Al haberse enfrentado a los más poderosos de entre los griegos y haber vencido contra toda expectativa a un ejército muy superior en número, su heroísmo alcanzó gran renombre. El general Epaminondas recibió los más altos elogios por haber vencido a los líderes de la Hélade con solo su propio valor y su brillante sentido de la estrategia.

En aquella batalla murieron más de cuatro mil espartanos y tan solo alrededor de trescientos beocios. Tras la batalla se pactó una tregua para que ambos bandos recogieran a sus caídos y los espartanos retornaran al Peloponeso.

Este fue el desenlace de la batalla de Leuctra.

4

LOS BENEFICIOS DE LA COMPETITIVIDAD

Los antiguos griegos valoraban la competitividad, y son muchos los estudiosos que subrayan la naturaleza competitiva de sus sociedades. Los griegos competían por trofeos deportivos, por la gloria militar y por recompensas artísticas. En la antigua Atenas había festivales dramáticos anuales, como el que se celebraba en honor de Dioniso, en los que dramaturgos rivales competían por los codiciados trofeos. En el segundo libro de la *Política* (ver siguiente capítulo), Aristóteles narra la propuesta de Hipódamo de instituir una competición para descubrir nuevas medidas legales o constitucionales.

Si, como reza el conocido proverbio platónico, «la necesidad es la madre del ingenio», quizá podríamos decir que la competitividad es su padre. En este capítulo repasaremos dos narraciones de innovación competitiva de la antigua Grecia. La primera trata sobre el desarrollo de la pintura realista en Atenas y la segunda sobre la creación de las primeras armas de artillería en la antigua Siracusa.

UN CONCURSO DE PINTURA

La historia de una rivalidad artística en la antigua Atenas ilustra perfectamente el fomento de la innovación por medio de la dinámica de la competencia. Zeuxis, el pintor más famoso de la antigüedad, nació en la ciudad griega de Heraclea, en el golfo de Tarento, en Italia, y se estableció en Atenas a mediados del siglo v a. de C. Su habilidad en el uso de los pigmentos y su dominio de la técnica del sombreado impresionaron a ricos mecenas, a quienes sorprendían los objetos que pintaba sobre tablas planas de madera, lienzos de cuero y paredes de piedra, que eran tan realistas que parecían de verdad.

El escritor romano Plinio el Viejo cuenta que cierto día Zeuxis anunció que acababa de terminar un bodegón que superaba a todas las representaciones realistas anteriores. Se trataba, dijo, de una imagen de un racimo de uvas de tal realismo que se confundía con la realidad. Pocos minutos después de desvelar el cuadro, se posó en él una bandada de pájaros que trató de comerse las uvas. Picotearon la madera pintada en vano hasta que, confundidos, se dieron por vencidos y alzaron de nuevo el vuelo. Zeuxis presumía de que su destreza engañaba a los pájaros y toda Atenas hablaba de su habilidad.

Unas semanas después, Parrasio, rival de Zeuxis, lo invitó a su estudio. Parrasio había emigrado a Atenas desde Éfeso, ciudad de Jonia situada en la costa mediterránea de lo que hoy es Turquía, lugar de gran tradición artística (cuna de mujeres artistas como Timarete, famosa por su representación de la diosa Artemisa, algo nada habitual en la época). Parrasio recibió a Zeuxis y lo felicitó por el realismo con que había representado el racimo de uvas. Entonces señaló hacia unas cortinas que había en el estudio y le pidió que las descorriera para mostrarle su última creación. Zeuxis dio un paso al frente. Cuando intentó tocar las cortinas, descubrió que en realidad se trataba de una pintura y tuvo que reconocer que su colega lo había vencido. «Mi racimo de uvas engañó a los pájaros, pero Parrasio me ha engañado a mí.»

El escaso número de pinturas del mundo antiguo que han llegado hasta nosotros demuestran una sofisticación en cuanto a colores, sombreado y perspectiva que no habrían de repetirse hasta el Renacimiento. El uso de técnicas, utensilios y pigmentos innovadores durante este período contribuyó al objetivo primordial de los pintores de crear representaciones visuales de gran realismo. La rivalidad artística de Zeuxis y Parrasio, si bien legendaria, sirve para demostrar que en la Grecia antigua se reconocía que la competitividad estimula la originalidad y el afán por la excelencia.

Dionisio I, que reinó en Siracusa a principios del siglo IV a. de C., tenía muy clara la relación entre competitividad e innovación. Envuelto en una guerra constante con el reino de Cartago, decidió abordar un problema clásico de los ejércitos antiguos: cómo conquistar ciudades fortificadas. En aquella época, los fuertes muros hacían que las ciudades fueran impenetrables, de modo que los generales se veían obligados a gastar sus recursos y agotar a sus soldados en largos y carísimos asedios.

Dionisio sabía que los ejércitos de Oriente Próximo usaban armas y máquinas de asalto capaces de romper las fortificaciones y reducir la duración del sitio de una ciudad, así que inventó una forma de explotar la creatividad de sus súbditos. Convocó un concurso público en el que ofrecía recompensas de dinero y prestigio a quienes diseñaran y construyeran máquinas de asedio. Artesanos de Sicilia y más allá se concentraron en el centro de Siracusa y compitieron en la creación de las armas más eficaces del mundo antiguo. Entre ellas se cuentan la catapulta y la balista, máquinas de guerra que lanzaban enormes proyectiles a distancias considerables.

Según nos cuenta Diodoro, Dionisio trató también de superar a sus predecesores ordenando la construcción enormes navíos, muy superiores a los que estos habían hecho construir. Hierón, su sucesor, encargaría a Arquímedes el diseño del *Siracusia*, el mayor navío de la antigüedad.

El torneo de los pintores y el concurso de Dionisio demuestra que los griegos ya veían en la competitividad, pública o personal, contemporánea o intergeneracional, un instrumento para fomentar el cambio. La competitividad comercial y técnica sigue siendo un elemento clave para la innovación hoy en día.

El padre del ingenio
Diodoro, *Biblioteca histórica* 14.41-42

[41] Dionisio reunió inmediatamente a los mejores artesanos de las ciudades bajo su dominio y también de Italia, Grecia e incluso de los territorios cartagineses. Su objetivo era fabricar grandes cantidades de armas y proyectiles de todo tipo, así como cuadrirremes y quinquerremes mayores de lo que nunca se había construido. Dividió a los artesanos por oficios, los puso a cargo de los ciudadanos principales y les ofreció grandes recompensas para incentivar la producción. Ideó también un uniforme, pues quería que sus soldados portaran una armadura estándar, ya que había reclutado mercenarios de lugares muy diferentes y pensaba que la vista de un ejército regular atemorizaría al enemigo y que los soldados sacarían mayor partido de un armamento al que estuvieran acostumbrados.

[42] Los habitantes de Siracusa se entregaron con entusiasmo al proyecto de su soberano y se creó un fuerte espíritu de innovación en el

diseño y fabricación de armas. Todos los espacios públicos, los pórticos y las salas posteriores de los templos, los gimnasios, la columnata del ágora, así como las viviendas de los ciudadanos prominentes se llenaron de artesanos, que se dedicaron a la producción en masa de armamento. La concentración de artesanos expertos en Siracusa durante este período dio lugar a la invención de la catapulta. Los elevados salarios y los incentivos que ofrecía Dionisio a quienes producían las armas más originales estimulaban a los trabajadores. El rey se codeaba a diario con los artesanos, charlaba con ellos, premiaba a los más esforzados con regalos y los invitaba a su mesa. Así, los artesanos se aplicaban con gran diligencia a su trabajo y diseñaban proyectiles y máquinas de guerra de gran eficacia. Asimismo, encargó la construcción de cuadrirremes y quinquerremes que nunca antes se habían fabricado. Como gobernante de una ciudad fundada por los corintios y sabedor de que la primera trirreme se había construido en Corinto, ansiaba fabricar embarcaciones aún mayores.

5

USOS Y ABUSOS DE LA INNOVACIÓN

En su *Política*, Aristóteles se ocupa de la cuestión de la innovación en lo tocante al gobierno de la ciudad-Estado (la polis), que para los griegos era la institución principal de la convivencia civilizada. En 340 a. de C., Aristóteles analiza diversas constituciones. Empieza por una crítica del modelo protocomunista de Estado ideal que expone Sócrates en *La República* de Platón y después se ocupa del modelo más legalista que ofrece el propio Platón en *Las leyes*. Si bien es cierto que Aristóteles lleva a cabo un análisis más bien disperso de la minuciosa propuesta teórica de Platón, su idea de que no hay constitución, por innovadora que sea, que funcione si no se ajusta al deseo innato del ser humano de poseer bienes es psicológicamente astuta y ha mantenido su vigencia a pesar del paso del tiempo.

Aristóteles estudia después las propuestas de otros filósofos menos conocidos como Faleas de Calcedonia e Hipódamo de Mileto, el extravagante planificador urbanístico. El sistema de Faleas es un inaudito precedente de los ideales del comunismo moderno. Hipódamo es conocido por la propuesta de que se deben recompensar las innovaciones políticas que tengan éxito, una forma de reconocer la importancia de los incentivos en la creación de lo nuevo.

Tras analizar estas propuestas, Aristóteles examina algunas formas de organización política que funcionaban en su época (las hemos omitido aquí) y termina con unos breves comentarios en los que afirma que la innovación en el ámbito artístico, donde se le persigue y confiere su valor adecuado, no es igual que la innovación en la esfera política, donde predomina un principio conservador. Aristóteles deja abierta la cuestión de si crear cambio es algo deseable en todo momento.

El matiz de que el cambio no tiene el mismo valor en todos los ámbitos de la existencia es un valioso recordatorio de que los significados y los procesos de la innovación pueden ser muy diferentes según el área o la disciplina en donde se produzca, y que la innovación no tiene por qué ser siempre algo deseable.

El extenso análisis que Aristóteles lleva a cabo de varios pensadores y constituciones anteriores a él es otro importante mecanismo para crear cambio que el propio filósofo demuestra de forma práctica, es decir, que la crítica del pasado puede ser útil, en sí misma, para sentar los pilares de las nuevas ideas. Los argumentos del libro segundo de la *Política*, aunque son fruto de su época, como es natural, siguen siendo fundamentales para abordar la cuestión del cambio en la esfera política.

Sobre las constituciones
Política, Libro 2, 1260b27-1269a29
(compendio)

Análisis de los modelos existentes

[A] Puesto que he decidido considerar qué tipo de gobierno es el más adecuado para aquellos que están en condiciones de hacer realidad su forma de vida ideal, analizaré otros modelos de gobierno además del nuestro, por ejemplo, los de algunas polis que tienen reputación de buen gobierno, así como algunas teorías políticas respetables. Uno de mis objetivos es averiguar qué es lógico y qué funciona. Mi estudio de la innovación en el ámbito de las constituciones no se debe a que desee dármelas de sabio, sino a que ninguna de las formas de gobierno conocidas es por completo satisfactoria.

[B] Para ello hay que comenzar por definir el punto de partida natural de este tipo de investigaciones. Los ciudadanos de un Estado lo tendrán todo en común o bien no tendrán nada en común o bien tendrán en común solo algunas cosas. Evidentemente, no tener nada en común es imposible, ya que el Estado es una manera de asociación y debe tener una ubicación compartida. Cada polis tiene un territorio determinado. Pero entonces cabe preguntarse si es mejor que en un Estado los ciudadanos lo tengan todo en común o solo algunas cosas. Puede suceder, como propone Sócrates en *La República* de Platón, que los ciudadanos de una polis tengan a sus esposas, hijos y propiedades en común. ¿Es mejor la situación actual o la que describe Sócrates?

El Estado como unidad

[C] Es evidente que cuanto más unitario se hace un Estado menos Estado es. El motivo de ello radica en que la naturaleza del Estado entraña una cierta diversidad y al unificarse se convierte de Estado en casa y de casa en persona, ya que podemos convenir en que la casa es más unitaria que el

Estado y la persona más que la casa. De modo que, aunque alcanzable, este ideal no es conveniente pues perjudica al Estado.

[D] El Estado no está compuesto de una cantidad de personas sino de una variedad de ellas, que además no pueden ser simplemente personas semejantes. No es como en el caso de la alianza militar, cuya utilidad depende del número y no de los distintos tipos de persona que la componen. El objetivo de una alianza es el apoyo militar, por eso, a mayor número, mayor eficacia.

El principio de turno de gobierno

[E] Como ya he dicho en la *Ética*, lo que mantiene en pie al Estado es el principio de reciprocidad en las obligaciones, que debe mantener su vigencia incluso si los ciudadanos son libres e iguales. Dado que los ciudadanos no pueden gobernar todos al mismo tiempo, es necesario establecer turnos de gobierno de un año o un período determinado de duración o algún tipo de orden de sucesión. Así, todos los ciudadanos tendrán experiencia de gobierno. Es como si zapateros y carpinteros intercambiaran sus labores en lugar de trabajar siempre en lo mismo.

[F] Este principio también debe aplicarse a la política. Naturalmente lo más deseable es que gobiernen siempre los mismos, pero cuando no es posible porque los ciudadanos son iguales por naturaleza, lo adecuado es que gobiernen por turnos, tanto si el gobierno es una actividad placentera como si es una carga. Así, todos los ciudadanos de igual estatus se ocuparán de todos los cargos públicos y recibirán un trato igualitario cuando no les corresponda hacerlo, y todos gobernarán y serán gobernados como si fueran distintas personas en cada caso. Igualmente, los que desempeñan cargos públicos se ocuparán unas veces de una función y otras de otra.

[G] Vemos que, por lo tanto, el Estado no es una unidad, como suponen algunos, y que esta aparente virtud provoca en realidad su disolución, de lo cual se deduce que el bien de las cosas es aquello que las preserva. Existe además otro argumento en contra de la excesiva homogeneidad, y es que una casa es más autosuficiente que un individuo y un Estado más que una casa. El Estado, por su parte, perdura solo cuando está compuesto por una comunidad autosuficiente. Por lo tanto, si el Estado es más fuerte cuanto más autosuficiente, cuanto menos unitario, más fuerte será.

Crítica de la comunidad de bienes

[H] A continuación analizaremos cómo debe administrarse la propiedad: ¿Debe la propiedad ser común en el Estado ideal? Esta cuestión se puede dilucidar por separado de la legislación acerca de las esposas e hijos. Si bien lo habitual es que los hijos pertenezcan a los individuos, es lícito preguntarse si la propiedad o su uso debe ser comunal. Es decir, que la tierra pertenezca a los particulares, pero que lo que produce cada finca se destine al consumo comunitario, como se hace en algunas naciones extranjeras. O al revés, que la tierra sea de propiedad común y lo que produzca se distribuya entre los individuos (esta forma de comunidad de bienes se da entre algunos pueblos bárbaros). O incluso que tanto la tierra como su producto pertenezcan a la comunidad.

[I] Un sistema distinto y que además funciona mejor es que los que trabajan la tierra no la posean, pues, cuando las personas trabajan su propia tierra para su propio beneficio, la cuestión de la propiedad presenta más dificultades. Si el trabajo no se corresponde con el beneficio, los que trabajan más por menos guardarán rencor a los que trabajan menos por más. Si en cualquier interacción humana ya es difícil convivir y compartir, en este tipo de situaciones lo es más aún. Ejemplo destacado son las personas que viajan juntas. Lo más común es que surjan diferencias por pequeñeces y que se discuta por asuntos triviales. Con los criados del hogar sucede algo parecido: nos enfadamos más a menudo con aquellos que realizan las tareas diarias.

[J] Estos son solo algunos de los inconvenientes de la propiedad comunitaria de los bienes. El régimen por el que nos guiamos hoy en día funcionaría mejor y disfrutaría de las ventajas de ambos sistemas si lo mejoráramos con buenas costumbres e instituciones sólidas. Es decir, que lo mejor es que las posesiones sean comunes hasta cierto punto, siempre que se rijan por el principio de la propiedad privada. Cuando la propiedad de las cosas es común surgen menos disputas, y cuando cada cual trabaja en lo que es suyo se esfuerza más. Dado que la virtud obliga, la gente se comportará según el refrán: «El que parte reparte». Algunas polis aplican este principio, lo cual demuestra que funciona, y sus efectos se ven especialmente en algunos Estados prósperos, donde su uso podría incluso ampliarse. En este sistema, cada cual tiene sus posesiones, pero permite a sus conciudadanos disponer de algunos de sus bienes y comparte con ellos el uso de otros que son comunes.

Crítica de Las leyes *de Platón*

[K] Gran parte de *Las leyes* de Platón consiste en «leyes» sin más, y poco se dice en ella acerca de las constituciones. Platón se refiere a las ciudades actuales, pero poco a poco dirige la obra hacia el Estado ideal del que habla en *La República*. Aparte de no estar a favor de compartir las mujeres o las propiedades, las demás propuestas siguen el mismo patrón: el mismo tipo de educación, la exención de ciertas tareas básicas, el mismo sistema de comidas comunitarias, aunque menciona que debe haber comidas comunitarias también para mujeres, y el hecho de que en la primera obra los que tienen derecho a portar armas son cinco mil y en la segunda son solo mil.

[L] Los diálogos socráticos demuestran extraordinario ingenio, originalidad y perspicacia, pero no se puede tener razón en todo. No olvidemos que, para mantener a esos cinco mil ciudadanos armados, que no trabajan la tierra, y a sus familias y criados que multiplican varias veces la cifra, sería necesario un territorio del tamaño de Babilonia u otro país de envergadura semejante. Podemos formular todas las hipótesis que queramos, pero debemos mantenernos dentro de los límites de lo posible.

Modelos constitucionales combinados

[M] El sistema de gobierno propuesto por Platón no es ni una democracia ni una oligarquía, sino un régimen intermedio habitualmente denominado «república», que se basa en la ciudadanía de los militares. Si Platón pretende esbozar una constitución válida para la mayoría de los Estados, quizá acierte, pero si la considera la mejor solo después de su sistema ideal de gobierno, entonces se equivoca. En ese caso sería preferible un modelo de constitución como el espartano o un gobierno de corte aristocrático.

[N] No faltan quienes dicen que la mejor constitución es una combinación de todas las formas de gobierno existentes, y admiran el modelo espartano porque es una mezcla de monarquía, oligarquía y democracia (la monarquía se encarna en la figura del rey, la oligarquía en la del consejo de ancianos, y el elemento democrático en la de los éforos, que proceden del pueblo). Otros, en cambio, afirman que el eforado es una institución tiránica y sitúan el elemento democrático en las comidas comunitarias y demás aspectos de la vida cotidiana. Platón afirma que las mejores repúblicas son una mezcla de democracia y tiranía, pero estas no son «repúblicas» propiamente dichas, y en caso de que lo fueran, serían de la peor clase.

El modelo de constitución de Faleas

[A] Ciudadanos, filósofos y políticos han propuesto diversos tipos de constituciones, más parecidas a los modelos existentes que las de Platón. No se han vuelto a proponer novedades como la comunidad de las mujeres y los niños o la institución de las comidas comunes de mujeres, sino que el punto de partida son las necesidades básicas. Algunos creen en la regulación de la propiedad, porque las revueltas se producen siempre a causa de ella.

[B] El primero en reconocer el problema y proponer que los ciudadanos de un Estado tengan las mismas posesiones fue Faleas de Calcedonia. Para él, la propiedad puede regularse en una polis recién fundada, pero es más difícil en una ya establecida. También dice que la igualdad podría lograrse rápidamente si los más ricos dieran tributos pero no los recibieran y los pobres al revés. Platón afirma en *Las leyes* que la acumulación de riqueza debe permitirse, pero que (como ya he afirmado yo mismo) nadie debe poseer más de cinco veces lo que posee el ciudadano menos favorecido.

[C] Los legisladores no deben olvidar, como sucede con frecuencia, que al regular la propiedad debe limitarse también la natalidad. Si el número de hijos es tan alto que la propiedad no alcanza a sustentarlos, es necesario revocar la ley. Además, nunca es bueno que muchos ciudadanos ricos se empobrezcan, pues muchos de ellos querrán incitar a la revolución.

[D] Incluso los legisladores antiguos comprendieron el efecto social de la igualdad de la propiedad. Solón y otros promulgaron leyes que limitaban la cantidad de tierra que puede poseer cada ciudadano, y hoy en día la venta de propiedades está prohibida en ciertos Estados, a no ser que el vendedor demuestre que ha sufrido alguna desgracia grave.

Crítica del modelo de constitución de Faleas

[E] El conflicto civil no solo surge de la desigualdad en lo material, sino también de la desigualdad en materia de privilegios, aunque por motivos opuestos. El ciudadano común se rebela frente a la desigualdad material y la clase alta cuando se conceden privilegios de manera igualitaria, pues en ese caso, como dice el poema, «al bueno y al malo los miden por el mismo rasero». El móvil de ciertos crímenes es la necesidad, y Faleas supone que la igualdad material reduce la tentación de robar a causa del frío o del hambre. Sin embargo, la necesidad no es el único móvil. La gente también ansía disfrutar y satisfacer sus deseos, y a veces recurren al crimen para lograr cosas no necesarias. Existen más móviles: siempre habrá quien busque experimentar placeres sin sufrir ningún tipo de pesar y recurra al crimen para lograrlo.

[F] El remedio está en moderar las posesiones y tener un empleo, y después en practicar el autocontrol. Por otra parte, quien quiera disfrutar de placeres que dependen tan solo de uno mismo practicará la filosofía, pues los demás placeres exigen el concurso de otras personas. En realidad, los peores crímenes se cometen por el deseo de excesos, no por necesidad. Los hombres no se convierten en tiranos para mitigar el frío o saciar el hambre, por eso matar a un tirano es más honorable que matar a un ladrón. En conclusión, el modelo de Faleas solo sirve para paliar los delitos menores.

[G] Si bien la igualdad material entre los ciudadanos es una salvaguarda contra el conflicto civil, lo cierto es que tampoco genera ninguna ventaja en particular. En primer lugar, los miembros de las clases altas se enojarán porque creen que merecen más privilegios que los demás, lo cual conduce a revueltas y disturbios. En segundo lugar, conviene no olvidar que el ser humano es insaciable por naturaleza. Al principio es feliz con un subsidio de dos óbolos, pero en cuanto se acostumbra, desea más y más. La naturaleza de los deseos es no saciarse nunca, y la mayoría de las personas viven para satisfacerlos. Teniendo esto en cuenta, educar a los ciudadanos sensatos de forma que no *quieran* excederse, y evitar que los menos favorecidos *puedan* excederse, es decir, mantenerlos bajo control sin tratarlos injustamente, es una medida más eficaz que regular la propiedad.

[H] Además, Faleas se equivoca al proponer la regularización de la propiedad exclusivamente, sin tener en cuenta que ser rico también es poseer esclavos, ganado, dinero y todo lo que se denomina bienes muebles. O regularizamos también estas posesiones, imponiéndoles alguna clase de límite, o nos olvidamos de todo el proyecto.

El modelo de constitución de Hipódamo

[I] Hipódamo de Mileto, hijo de Eurifonte, inventó la planificación urbanística y diseñó los planos del Pireo. Era un hombre extraño al que le gustaba destacar, ambición que lo condujo a una excentricidad que muchos consideraban excesiva. Llevaba el pelo largo y ornamentos caros, pero su ropa era barata y era la que le servía de abrigo tanto en invierno como en verano. Afirmaba ser un experto en todo tipo de temas relacionados con la naturaleza y fue el primer hombre sin poder político que se atrevió a proponer un modelo de gobierno ideal.

[J] Hipódamo ideó una ciudad de diez mil habitantes divididos en tres clases, los artesanos, los agricultores y los militares. También dividió la tierra en tres partes, sagrada, pública y privada. La primera se reservaba para la adoración de los dioses, la segunda se destinaba al sustento de los militares, y la tercera pertenecía a los agricultores.

[K] También dividió las leyes en tres clases, que se correspondían con los tres tipos de delito, la afrenta, el daño y el asesinato. Instituyó un tribunal compuesto por ancianos de reconocido prestigio que juzgaba los casos dudosos. Los veredictos de los tribunales no se decidían por votación, sino que cada juez escribía su sentencia en una tablilla si el veredicto era condenatorio; si era en parte condenatorio y en parte absolutorio, explicaba sus motivos en ella, y si procedía absolver al acusado, la dejaba en blanco. Hipódamo pensaba que la legislación vigente no era buena, pues obligaba a los jueces a dictar sentencias condenatorias o absolutorias, con lo cual se corría el riesgo de que cometieran injusticias.

[L] También propuso que se premiara al ciudadano que inventara algo beneficioso para la polis, y que el Estado asumiera la manutención de los hijos de los soldados muertos en batalla, aunque en realidad ignoraba que esa ley ya estaba vigente en Atenas y otras ciudades. Los cargos públicos se elegirían por sufragio, es decir, los elegirían las tres clases sociales mencionadas, y los elegidos atenderían a los intereses públicos, de los extranjeros y de los huérfanos de guerra.

[M] Estas son las principales características del modelo de Hipódamo. En primer lugar, comenzaremos por criticar la división de la sociedad en tres clases. Si los artesanos, agricultores y soldados participan por igual en el gobierno de la polis, pero los agricultores no tienen armas y los artesanos no tienen ni armas ni tierras, estos últimos se convertirán de hecho en esclavos de los que poseen armamento. De este modo, es imposible compartir los privilegios, ya que hay que escoger a los generales, guardianes de la ciudadanía, y a los principales jueces y magistrados de entre la clase militar. Y si las otras dos clases no participan en el gobierno, no se sentirán inclinadas a respetar la constitución. Cabe argumentar que es justo que los que poseen armas dominen a las otras clases, lo cual no es sencillo a no ser que sean la mayoría. Sin embargo, si son la mayoría, no hay motivo para que las otras dos clases participen del gobierno y tengan poder de nombrar cargos públicos.

[N] En segundo lugar, cabe preguntarse para qué son útiles al Estado los agricultores. Los artesanos, que viven de su oficio como en otras ciudades, son siempre necesarios. Si la clase agrícola es necesaria para mantener a la clase militar, entonces lo justo es que participe en el gobierno, pero en el modelo de Hipódamo la tierra que cultivan les pertenece y la cultivan para su propio beneficio.

[Ñ] En tercer lugar, si los militares cultivan la tierra de la que han de sustentarse, no existirá la distinción social entre militares y agricultores que pretende Hipódamo. Y si la cultivan otros, constituirán una cuarta clase sin participación social y, por lo tanto, ajena a la polis. Por otra parte, si los que cultivan la tierra pública y privada son los mismos, no podrán producir suficientes alimentos para sustentar su propia casa y las de los soldados, de modo que hay que preguntarse si lo adecuado no sería que se mantuvieran a sí mismos y a los soldados con el producto de la misma tierra. Son temas de lo más confusos.

[O] La propuesta de recompensar a quienes inventen cosas beneficiosas para la ciudad suena muy bien, pero entraña sus peligros, porque lo más seguro es que fomente la rivalidad y el malestar. Esto suscita una pregunta de mayor calado: no está nada claro que sea en absoluto beneficioso cambiar la ley de un país, incluso en el caso de encontrar otra mejor. Si concebimos el cambio como algo malo, será difícil estar de acuerdo con la propuesta de Hipódamo, ya que alguien podría introducir una medida determinada que al final resultara ser perjudicial para las leyes o la constitución del Estado con la excusa de que se persigue el bien común.

Diferencias entre los ámbitos de la innovación.

[A] Ya que hablamos del tema, entremos en él con mayor detalle. Como decía antes, dada la cantidad de opiniones existentes, es fácil argumentar a favor del cambio. Desde luego, otras artes y ciencias lo consideran beneficioso; la medicina, las disciplinas físicas y demás artes han sufrido innovaciones que las alejan de sus prácticas tradicionales. Lo mismo debería suceder con la política, puesto que también es una disciplina. Podemos encontrar una señal de los beneficios del cambio en el hecho de que las antiguas leyes griegas eran simples y primitivas. Los griegos solían ir armados y se compraban las esposas unos a otros. Lo que aún perdura de las leyes de antaño nos parece hoy tosco y ridículo, como por ejemplo la ley del asesinato en Cumas, según la cual, el acusado será culpable si el acusador presenta un determinado número de testigos de entre su propia familia.

[B] En realidad, lo que se persigue no es la tradición sino el bien. Quizá los primeros seres humanos, ya nacieran de la tierra o fueran los supervivientes de algún cataclismo, se parecieran a la gente ordinaria y no muy inteligente de hoy (dicen que la falta de inteligencia era una característica de los nacidos de la tierra), en cuyo caso sería una necedad aferrarse a sus ideas. Además, ni siquiera las leyes escritas deben considerarse inmutables porque, como sucede en otras disciplinas, en la política es imposible dejar por escrito todos los detalles, ya que se puede escribir el principio general, pero cualquier medida que se tome en la práctica es siempre particular.

[C] De estos razonamientos se concluye que en ciertas ocasiones es necesario modificar alguna ley. Los que examinan el tema desde otro ángulo exigen tomarse estas cosas con precaución. Si los beneficios de modificar una ley son ínfimos, hacerlo puede resultar peligroso, así que merece la pena asumir algún que otro error por parte de legisladores y gobernantes. El beneficio de la modificación será menor que el perjuicio que supone acostumbrarse a desobedecer a la autoridad.

[D] La analogía de las leyes y las artes y ciencias es errónea pues la alteración en materia de leyes es distinta a la alteración en la esfera de las artes. La única forma de que una ley tenga fuerza es el hábito, que necesita de tiempo para surtir efecto. Por eso, cambiar una ley antigua por otra nueva le quita toda la fuerza. Incluso si aceptamos que hay que modificar las leyes, debemos preguntarnos si hay que modificarlas todas y en todos los Estados y quiénes deben encargarse de ello. Son cuestiones que marcan la diferencia. Pero dejemos aquí la cuestión, pues habrá más ocasiones de retomarla.

LECTURAS COMPLEMENTARIAS

TRADUCCIONES

Aristóteles, *Política*, introducción, traducción y notas de Manuela García Valdés, Madrid, Gredos, 2022.

Aristóteles, *Física*, introducción, traducción y notas de G. Rodríguez de Echandía, revisada por A. Bernabé Pajares, Madrid, Gredos, 1995.

Ateneo de Náucratis, *Banquete de los eruditos*, introducción, traducción y notas de Lucía Rodríguez-Noriega Guillén, 5 vols., Madrid, Gredos, 1998-2014.

Diodoro Sículo, *Biblioteca histórica*, Francisco Parreu Alasà y José Torres Esbarranch, Madrid, Gredos, 2001-2014.

OLDFATHER, C. H., *Diodorus Siculus: Library of History*, 12 vols., Harvard (MA), Loeb Classical Library, 1967.

OLSON, S. D., *Athenaeus: The Learned Banqueters*, 6 vols., Harvard (MA), Loeb Classical Library, 2006.

SINCLAIR, T. A., *Aristotle: The Politics*, edición revisada por Trevor J. Saunders, Harmondsworth, Penguin, 1983.

WATERFIELD, R., *Aristotle: Physics*, Oxford World's Classics, Oxford, Oxford University Press, 2008.

SOBRE ARISTÓTELES

ACKRILL, J., *La filosofía de Aristóteles*, Caracas, Monte Ávila Editores, 1987.

BOSTOCK, D., *Space, Time, Matter, and Form: Essays on Aristotle's* Physics, Oxford, Oxford University Press, 2006.

GUTHRIE, W. K. C., *Historia de la filosofía griega, Volumen 3: Siglo V. Ilustración*, Madrid, Gredos, 2003.

Leroi, A. M., *La laguna. Cómo Aristóteles descubrió la ciencia*, Córdoba, Guadalmazán, 2015.

INNOVACIÓN EN LA GRECIA ANTIGUA

Cuomo, S., *Technology and Culture in Greek and Roman Antiquity*, Cambridge, Cambridge University Press, 2007.

D'Angour, A. J., *The Greeks and the New: Novelty in Ancient Greek Imagination and Experience*, Cambridge, Cambridge University Press, 2011.

Dodds, E. R., *The Ancient Concept of Progress and Other Essays*, Cambridge, Cambridge University Press, 1973.

Dunn, F. M., *Present Shock in Fifth-Century Greece*, Ann Arbor, University of Michigan Press, 2007.

Lloyd, G. E. R., *The Revolution of Wisdom*, Cambridge, Cambridge University Press, 2007.

MARSDEN, E. W., *Greek and Roman Artillery: Historical development*, Oxford, Clarendon, 1969.

OBER, J., *Democracy and Knowledge: Innovation and Learning in Classical Athens*, Princeton (NJ), Princeton University Press, 2008.

SEAFORD, R. A., *Money and the Early Greek Mind*, Cambridge, Cambridge University Press, 2004.

STEWARD, A., *Classical Greek and the Birth of western Art*, Cambridge, Cambridge University Press, 2008.

ZHMUD, L., *The Origin of the History of Science in Classical Antiquity*, traducido al inglés por Alexander Chernoglazov, Berlín, De Gruyter, 2006.

LIBROS SOBRE CREATIVIDAD E INNOVACIÓN

BERKUN, S., *The Myth of Innovation*, Sebastopol (California), O'Reilly Media, 2010.

CHRISTENSEN, C., ET AL., *Disruptive Innovation: The Christensen Collection*, Boston, Harvard Business Review Press, 2011.

CSIKSZENTMIHALYI, M., *Fluir (Flow): Una psicología de la felicidad*, Barcelona, Debolsillo, 2008.

JOHNSON, S., *Las buenas ideas: una historia natural de la innovación*, Madrid, Turner, 2011.

RIDLEY, M., *Claves de la innovación*, Barcelona, Antoni Bosch, 2021.

SAWYER, R. K., *Explaining Creativity: The Science of Human Innovation*, 2.ª ed., Oxford, Oxford University Press, 2012.